Crypto Débutant: Le Guide Ultime pour Comprendre et Investir

Chapitre 1 : Introduction à la Cryptomonnaie

.Définition de la cryptomonnaie

.Origines et évolution

.Pourquoi la cryptomonnaie est-elle importante aujourd'hui ?

.Mythes et réalités

Chapitre 2 : Les Fondamentaux de la Blockchain

.Qu'est-ce que la blockchain ?

.Comment fonctionne la technologie blockchain ?

.Différences entre blockchain et système traditionnel

.Avantages et inconvénients de la blockchain

Chapitre 3 : Bitcoin - La Première Cryptomonnaie

.Histoire de Bitcoin

.Comment fonctionne Bitcoin ?

.Processus de minage

.Sécurité et confidentialité

.Utilisations et cas d'usage de Bitcoin

Chapitre 4 : Altcoins et Tokens

.Qu'est-ce que les altcoins ?

.Principales altcoins et leurs caractéristiques

.Tokens et leur utilité

.Risques associés aux altcoins et tokens

Chapitre 5 : Portefeuilles et Sécurité

.Qu'est-ce qu'un portefeuille de cryptomonnaie ?

.Types de portefeuilles (en ligne, hors ligne, matériel, logiciel)

.Sécuriser vos fonds : bonnes pratiques

.Risques et précautions à prendre

Chapitre 6 : Acheter, Vendre et Échanger des Cryptomonnaies

.Plateformes d'échange populaires

.Processus d'achat et de vente de cryptomonnaies

.Frais associés aux transactions

.Techniques de trading de base

Chapitre 7 : Utilisations Pratiques de la Cryptomonnaie

.Paiements en cryptomonnaie

.Investissement et spéculation

.Financement participatif (ICO, STO)

.Autres cas d'utilisation émergents

Chapitre 8 : Réglementation et Fiscalité

.État actuel de la réglementation

.Fiscalité des cryptomonnaies

.Impact potentiel des réglementations futures

Chapitre 9 : Futur de la Cryptomonnaie

.Tendances émergentes

.Défis et opportunités

.Prédictions et perspectives à long terme

Chapitre 10 : Conseils pour les Débutants

.Récapitulatif des points clés

.Conseils pour débuter en toute sécurité

.Ressources supplémentaires pour approfondir vos connaissances

Chapitre 1 : Introduction à la Cryptomonnaie

La cryptomonnaie est devenue l'un des sujets les plus discutés et les plus fascinants de notre époque. Que vous soyez un investisseur chevronné, un technophile passionné ou simplement curieux, plonger dans le monde de la cryptomonnaie peut sembler à la fois intimidant et exaltant. Dans ce chapitre introductif, nous allons explorer les bases de la cryptomonnaie, de ses origines à son importance actuelle.

1.1 Qu'est-ce que la cryptomonnaie ?

La cryptomonnaie est une forme de monnaie numérique qui utilise la cryptographie pour sécuriser et vérifier les transactions, ainsi que pour contrôler la création de nouvelles unités. Contrairement aux monnaies traditionnelles émises par les gouvernements et régies par les banques centrales, les cryptomonnaies fonctionnent sur des réseaux décentralisés basés sur la technologie blockchain.

1.2 Origines et Évolution

La première cryptomonnaie, le Bitcoin, a été introduite en 2009 par une personne (ou un groupe de personnes) sous le pseudonyme de Satoshi Nakamoto. Le Bitcoin a été conçu comme une alternative au système financier traditionnel, offrant une monnaie numérique sécurisée et décentralisée.

Depuis lors, des milliers d'autres cryptomonnaies, souvent appelées "altcoins", ont été développées, chacune avec ses propres caractéristiques et cas d'utilisation. Ces innovations ont contribué à façonner un écosystème dynamique et en constante évolution.

1.3 Pourquoi la cryptomonnaie est-elle importante aujourd'hui ?

La cryptomonnaie a le potentiel de transformer de nombreux aspects de notre vie quotidienne et de nos systèmes économiques. Voici quelques raisons pour lesquelles la cryptomonnaie est devenue si importante :

Décentralisation : Les cryptomonnaies fonctionnent sur des réseaux décentralisés, ce qui signifie qu'elles ne sont pas contrôlées par un seul individu ou une seule entité, mais plutôt par l'ensemble du réseau. Cela offre une résilience accrue aux pannes et à la censure.

Sécurité : La cryptographie utilisée dans les transactions de cryptomonnaie les rend extrêmement sécurisées et difficiles à falsifier. Les utilisateurs ont un contrôle total sur leurs fonds et peuvent effectuer des transactions de manière sécurisée sans avoir besoin de faire confiance à une tierce partie.

Accessibilité : Les cryptomonnaies offrent un accès financier à des populations qui pourraient être exclues du système bancaire traditionnel. À condition d'avoir une connexion Internet, n'importe qui peut envoyer et recevoir des cryptomonnaies, ce qui les rend particulièrement utiles dans les régions sous-bancarisées ou où les systèmes financiers sont peu fiables.

Innovation : L'émergence de la technologie blockchain a ouvert la voie à une multitude de nouvelles applications et de modèles économiques innovants. Des secteurs tels que la finance, la santé, l'immobilier et l'énergie sont tous susceptibles d'être perturbés par les avancées de la cryptomonnaie et de la blockchain.

1.4 Mythes et Réalités

Malgré ses nombreux avantages, la cryptomonnaie est souvent entourée de mythes et de malentendus. Certains voient les cryptomonnaies comme une bulle spéculative sur le point d'éclater, tandis que d'autres les considèrent comme la prochaine révolution financière. Au cours de ce livre, nous tenterons de dissiper certains de ces mythes et de fournir une perspective équilibrée sur la nature et le potentiel de la cryptomonnaie.

Dans les chapitres à venir, nous explorerons en détail les fondements de la technologie blockchain, les différentes cryptomonnaies disponibles, les méthodes pour acheter, vendre et stocker des cryptomonnaies en toute sécurité, ainsi que les nombreuses façons dont la cryptomonnaie peut être utilisée dans la vie quotidienne. Que vous soyez un débutant complet ou un investisseur averti, ce livre est conçu pour vous aider à naviguer dans l'univers complexe mais passionnant de la cryptomonnaie.

Chapitre 2 : Les Fondamentaux de la Blockchain

La blockchain est le fondement sur lequel repose la plupart des cryptomonnaies, y compris le Bitcoin. Dans ce chapitre, nous explorerons en profondeur ce qu'est la blockchain, comment elle fonctionne et pourquoi elle est si importante dans le monde de la cryptomonnaie.

2.1 Qu'est-ce que la Blockchain ?

La blockchain est une technologie de stockage et de transmission d'informations, fonctionnant comme un registre numérique décentralisé et sécurisé. Contrairement à une base de données traditionnelle, qui est généralement stockée sur un serveur centralisé et contrôlée par une seule entité, la blockchain est distribuée sur un réseau de milliers d'ordinateurs (nœuds) à travers le monde.

Chaque bloc de données dans la blockchain est lié de manière cryptographique au bloc précédent, formant ainsi une chaîne de blocs continue et immuable. Cette structure de données permet de garantir l'intégrité et la sécurité du réseau, car toute modification d'un bloc serait immédiatement détectée par les autres nœuds du réseau.

2.2 Comment fonctionne la Technologie Blockchain ?

Lorsqu'une transaction est effectuée sur un réseau blockchain, elle est diffusée à tous les nœuds du réseau pour validation. Les mineurs, qui sont des acteurs du réseau responsables de sécuriser et de valider les transactions, regroupent ensuite ces transactions dans un bloc qu'ils ajoutent à la chaîne.

Pour ajouter un nouveau bloc à la chaîne, les mineurs doivent résoudre un problème mathématique complexe, connu sous le nom de preuve de travail (Proof of Work) dans le cas du Bitcoin. Ce processus de validation des transactions et de création de nouveaux blocs est ce qui maintient la sécurité et l'intégrité de la blockchain.

2.3 Différences entre Blockchain et Système Traditionnel

La blockchain présente plusieurs différences clés par rapport aux systèmes traditionnels, notamment :

Décentralisation : Contrairement aux bases de données centralisées, la blockchain est décentralisée, ce qui signifie qu'aucune autorité centrale ne contrôle le réseau.

Transparence : Toutes les transactions sur la blockchain sont publiques et transparentes, accessibles à quiconque souhaite les consulter.

Sécurité : La cryptographie utilisée dans la blockchain rend les données quasiment impossibles à falsifier, offrant ainsi un haut niveau de sécurité.

Immuable : Une fois qu'une transaction est enregistrée sur la blockchain, elle ne peut pas être modifiée ni effacée, ce qui garantit l'intégrité de l'historique des transactions.

2.4 Avantages et Inconvénients de la Blockchain

La blockchain offre de nombreux avantages, tels que la sécurité, la transparence et la décentralisation, qui en font une technologie prometteuse pour une variété d'applications. Cependant, elle présente également des inconvénients potentiels, tels que la consommation énergétique élevée associée à certaines méthodes de consensus, ainsi que des problèmes d'évolutivité dans certains cas d'utilisation.

Chapitre 3 : Bitcoin - La Première Cryptomonnaie

Le Bitcoin est souvent considéré comme le pionnier des cryptomonnaies et a joué un rôle crucial dans l'essor de cette nouvelle classe d'actifs. Dans ce chapitre, nous plongerons dans l'histoire du Bitcoin, son fonctionnement, sa sécurité et ses utilisations.

3.1 Histoire de Bitcoin

Le Bitcoin a été créé en 2008 par une personne ou un groupe de personnes sous le pseudonyme de Satoshi Nakamoto. Le document technique original du Bitcoin, intitulé "Bitcoin: A Peer-to-Peer Electronic Cash System", a été publié en janvier 2009, marquant le lancement officiel du réseau Bitcoin.

Depuis sa création, le Bitcoin a connu une croissance exponentielle, attirant l'attention des médias, des investisseurs et du grand public. Son prix a connu des hausses spectaculaires et des baisses importantes, alimentant le débat sur sa viabilité en tant que monnaie et en tant qu'actif financier.

3.2 Comment fonctionne Bitcoin ?

Bitcoin fonctionne sur la base de la technologie blockchain, un registre décentralisé et sécurisé de toutes les transactions effectuées sur le réseau. Chaque transaction est vérifiée par les mineurs et ajoutée à un bloc, qui est ensuite ajouté à la chaîne de blocs existante.

La création de nouveaux bitcoins, un processus appelé "minage", est régie par un algorithme complexe qui limite l'offre totale de bitcoins à 21 millions d'unités. Les mineurs utilisent leur puissance de calcul pour résoudre des problèmes mathématiques et valider les transactions, en échange de récompenses en bitcoins.

3.3 Processus de Minage

Le processus de minage de Bitcoin est crucial pour sécuriser le réseau et garantir son bon fonctionnement. Les mineurs utilisent des ordinateurs spécialisés pour résoudre des problèmes mathématiques complexes, appelés "preuves de travail", qui confirment et sécurisent les transactions sur le réseau.

En récompense de leur travail, les mineurs reçoivent une récompense en bitcoins, ainsi que des frais de transaction pour chaque bloc qu'ils ajoutent à la blockchain. Ce processus de minage crée également un mécanisme d'incitation pour les mineurs à maintenir l'intégrité du réseau.

3.4 Sécurité et Confidentialité

Bitcoin est conçu pour offrir un haut niveau de sécurité et de confidentialité à ses utilisateurs. La cryptographie utilisée dans le processus de transaction rend les transactions presque impossibles à falsifier, tandis que les adresses bitcoin sont anonymes et ne sont pas liées à l'identité réelle de l'utilisateur.

Cependant, il est important de noter que Bitcoin n'est pas totalement anonyme, car toutes les transactions sont enregistrées de manière permanente sur la blockchain et peuvent être consultées publiquement. Des techniques de confidentialité supplémentaires, telles que l'utilisation de portefeuilles anonymes ou de mélanges de pièces, peuvent être utilisées pour renforcer la confidentialité des utilisateurs.

3.5 Utilisations et Cas d'Usage de Bitcoin

Le Bitcoin est utilisé à la fois comme une forme de monnaie numérique et comme un investissement spéculatif. Voici quelques-unes de ses principales utilisations et cas d'usage :

Paiements : Certaines entreprises acceptent les bitcoins comme moyen de paiement pour des biens et des services.

Investissement : De nombreux investisseurs voient le Bitcoin comme une réserve de valeur et une couverture contre l'inflation.

Transferts Internationaux : Le Bitcoin permet des transferts d'argent rapides et peu coûteux à travers les frontières.

Finance Décentralisée (DeFi) : Le Bitcoin est souvent utilisé comme garantie dans les protocoles de finance décentralisée pour emprunter et prêter des fonds.

Chapitre 4 : Altcoins et Tokens

Dans ce chapitre, nous allons explorer le monde des altcoins et des tokens, qui représentent une grande diversité de cryptomonnaies en dehors du Bitcoin. Nous examinerons ce que sont les altcoins et les tokens, leurs caractéristiques distinctives et leurs cas d'utilisation.

4.1 Qu'est-ce que les Altcoins ?

Les altcoins, ou "alternatives coins", sont toutes les cryptomonnaies autres que le Bitcoin. Ils représentent une multitude de projets et de technologies, chacun avec ses propres fonctionnalités et objectifs. Certains altcoins visent à améliorer les limitations perçues du Bitcoin, tandis que d'autres se concentrent sur des cas d'utilisation spécifiques ou des innovations technologiques.

Les altcoins peuvent être classés en différentes catégories, notamment les stablecoins, les privacy coins, les smart contract platforms, les tokens de gouvernance et bien d'autres.

4.2 Principales Altcoins et Leurs Caractéristiques

Il existe des milliers d'altcoins sur le marché, mais certaines sont plus populaires et plus largement utilisées que d'autres. Voici quelques-unes des principales altcoins et leurs caractéristiques distinctives :

Ethereum (ETH) : Ethereum est une plateforme de contrat intelligent qui permet aux développeurs de créer des applications décentralisées (dApps) et des contrats intelligents. Il est largement utilisé pour le développement de projets DeFi, NFTs et d'autres applications décentralisées.

Ripple (XRP) : Ripple est un réseau de paiement mondial qui vise à faciliter les transferts d'argent transfrontaliers rapides et peu coûteux entre les institutions financières. Il se distingue par sa vitesse de transaction élevée et ses frais de transaction minimes.

Litecoin (LTC) : Litecoin est une cryptomonnaie similaire au Bitcoin, mais avec des temps de transaction plus rapides et une offre totale plus importante. Il est souvent considéré comme "l'argent numérique" par rapport à "l'or numérique" du Bitcoin.

Cardano (ADA) : Cardano est une plateforme de contrat intelligent qui se concentre sur la sécurité et la scalabilité. Il utilise une approche basée sur la preuve d'enjeu (proof of stake) pour valider les transactions, ce qui le rend plus écoénergétique que le Bitcoin.

Polkadot (DOT) : Polkadot est une plateforme de chaînes de blocs interconnectées qui vise à créer un internet décentralisé et sécurisé. Il permet l'interopérabilité entre différentes chaînes de blocs et offre des fonctionnalités avancées telles que le contrôle de l'évolutivité et la gouvernance.

4.3 Tokens et Leur Utilité

En plus des altcoins, il existe une autre catégorie de cryptomonnaies appelée tokens. Les tokens sont des actifs numériques émis sur une blockchain existante, souvent utilisés pour représenter des actifs réels, des droits de propriété ou des utilités dans un écosystème spécifique.

Les tokens peuvent avoir une variété d'utilisations, notamment comme moyen de paiement, comme actifs de gouvernance pour prendre des décisions au sein d'une communauté, comme jetons d'utilité pour accéder à des produits ou services, ou comme tokens de sécurité représentant une participation dans un actif physique ou virtuel.

4.4 Risques Associés aux Altcoins et Tokens

Bien que les altcoins et les tokens offrent de nombreuses opportunités d'investissement et d'innovation, ils présentent également des risques importants. Certains des risques associés aux altcoins et aux tokens comprennent la volatilité des prix, la sécurité des fonds, la réglementation, la liquidité du marché et la viabilité à long terme du projet.

Chapitre 5 : Portefeuilles et Sécurité

Dans ce chapitre, nous aborderons l'importance des portefeuilles de cryptomonnaies ainsi que les meilleures pratiques pour assurer leur sécurité. Nous discuterons des différents types de portefeuilles disponibles et des mesures que vous pouvez prendre pour protéger vos fonds.

5.1 Qu'est-ce qu'un Portefeuille de Cryptomonnaie ?

Un portefeuille de cryptomonnaie est un logiciel ou un dispositif physique qui permet aux utilisateurs de stocker, d'envoyer et de recevoir des cryptomonnaies. Il contient une ou plusieurs paires de clés cryptographiques, composées d'une clé publique (adresse) et d'une clé privée (mot de passe), qui sont utilisées pour accéder et gérer les fonds.

Il existe plusieurs types de portefeuilles de cryptomonnaie, chacun avec ses propres avantages et inconvénients, notamment les portefeuilles en ligne, les portefeuilles hors ligne, les portefeuilles matériel et les portefeuilles logiciels.

5.2 Types de Portefeuilles

Portefeuilles en Ligne : Les portefeuilles en ligne sont des applications ou des services hébergés sur Internet. Ils offrent un accès facile et pratique à vos fonds, mais sont plus vulnérables aux piratages et aux attaques informatiques.

Portefeuilles Hors Ligne : Les portefeuilles hors ligne, également appelés portefeuilles froids, sont des dispositifs physiques déconnectés d'Internet. Ils offrent un niveau de sécurité élevé en raison de leur isolation des réseaux en ligne, mais peuvent être moins pratiques à utiliser pour des transactions fréquentes.

Portefeuilles Matériel : Les portefeuilles matériels sont des dispositifs physiques spécialement conçus pour stocker des cryptomonnaies. Ils offrent un excellent compromis entre sécurité et praticité, car ils permettent de stocker vos fonds hors ligne tout en permettant des transactions rapides et faciles lorsque nécessaire.

Portefeuilles Logiciels : Les portefeuilles logiciels sont des applications installées sur votre ordinateur ou votre smartphone. Ils offrent un contrôle total sur vos clés privées, mais peuvent être vulnérables aux virus, aux logiciels malveillants et aux attaques de phishing.

5.3 Sécuriser vos Fonds

La sécurité de vos fonds de cryptomonnaie est d'une importance capitale. Voici quelques mesures que vous pouvez prendre pour sécuriser vos portefeuilles :

Sauvegardez vos Clés Privées : Assurez-vous de sauvegarder vos clés privées dans un endroit sûr et hors ligne. Ne partagez jamais vos clés privées avec quiconque et ne les stockez pas sur des appareils connectés à Internet.

Utilisez l'Authentification à Deux Facteurs (2FA) : Activez l'authentification à deux facteurs sur tous vos comptes et portefeuilles en ligne pour une sécurité renforcée.

Mettez à Jour Régulièrement vos Logiciels : Assurez-vous de toujours utiliser les dernières versions des logiciels de portefeuille et de sécurité pour bénéficier des dernières mises à jour de sécurité.

Méfiez-vous des Phishing et des Arnaques : Soyez vigilant face aux tentatives de phishing et aux escroqueries en ligne. Ne cliquez jamais sur des liens suspects et vérifiez toujours l'URL du site web avant d'entrer vos informations personnelles.

Diversifiez vos Investissements : Ne gardez pas tous vos fonds dans un seul portefeuille ou une seule plateforme. Diversifiez vos investissements et utilisez plusieurs portefeuilles pour répartir les risques.

En suivant ces meilleures pratiques de sécurité, vous pouvez protéger efficacement vos fonds de cryptomonnaie contre les menaces en ligne.

Chapitre 6 : Acheter, Vendre et Échanger des Cryptomonnaies

Dans ce chapitre, nous explorerons les différentes méthodes pour acheter, vendre et échanger des cryptomonnaies en toute sécurité. Nous discuterons des plateformes d'échange populaires, des processus de transaction et des meilleures pratiques pour minimiser les risques.

6.1 Plateformes d'Échange Populaires

Les plateformes d'échange de cryptomonnaies facilitent l'achat, la vente et l'échange de cryptomonnaies. Voici quelques-unes des plateformes d'échange les plus populaires :

Coinbase : Une des plateformes d'échange les plus populaires et conviviales pour les débutants. Elle prend en charge une variété de cryptomonnaies et propose des fonctionnalités avancées telles que la garde sécurisée des actifs.

Binance : L'une des plus grandes plateformes d'échange de cryptomonnaies en termes de volume de transactions. Binance offre une large sélection de cryptomonnaies et des fonctionnalités avancées telles que le trading à effet de levier.

Kraken : Une plateforme d'échange réputée offrant une variété de cryptomonnaies et des fonctionnalités avancées telles que le trading de marge et les contrats à terme.

Gemini : Une plateforme d'échange réglementée basée aux États-Unis, connue pour son accent sur la sécurité et la conformité réglementaire.

Bitfinex : Une plateforme d'échange populaire offrant une grande liquidité et une variété de marchés de trading.

6.2 Processus d'Achat et de Vente

Le processus d'achat et de vente de cryptomonnaies sur une plateforme d'échange est généralement assez simple :

Inscription : Créez un compte sur la plateforme d'échange de votre choix en fournissant vos informations personnelles et en vérifiant votre identité, le cas échéant.

Dépôt de Fonds : Déposez des fonds sur votre compte en utilisant une méthode de paiement acceptée, telle que virement bancaire, carte de crédit ou virement SEPA.

Achat de Cryptomonnaies : Sélectionnez la cryptomonnaie que vous souhaitez acheter, indiquez le montant et confirmez la transaction. Les fonds seront alors ajoutés à votre portefeuille sur la plateforme d'échange.

Vente de Cryptomonnaies : De même, pour vendre des cryptomonnaies, sélectionnez la cryptomonnaie que vous souhaitez vendre, indiquez le montant et confirmez la transaction. Les fonds seront alors crédités sur votre compte en devise fiduciaire.

6.3 Frais Associés aux Transactions

Les plateformes d'échange facturent généralement des frais pour chaque transaction effectuée. Les frais peuvent varier en fonction de plusieurs facteurs, notamment le volume de transactions, le type de transaction (achat, vente, dépôt, retrait), et la méthode de paiement utilisée.

Il est important de comprendre les frais associés à chaque plateforme d'échange avant de passer des ordres, afin de maximiser vos profits et de minimiser vos coûts.

6.4 Techniques de Trading de Base

En plus d'acheter et de vendre des cryptomonnaies de manière directe, de nombreux investisseurs pratiquent également le trading de cryptomonnaies pour tirer profit des fluctuations de prix à court terme. Voici quelques techniques de trading de base :

Trading sur Marge : Le trading sur marge permet aux traders d'emprunter des fonds pour augmenter leur pouvoir d'achat et potentiellement augmenter leurs profits. Cependant, cela comporte également un niveau de risque plus élevé.

Trading à Court Terme : Les traders à court terme cherchent à profiter des mouvements de prix à court terme en entrant et en sortant rapidement des positions. Cela nécessite une analyse technique approfondie et une réactivité rapide aux changements de marché.

Trading Automatisé : Le trading automatisé utilise des algorithmes informatiques pour exécuter des transactions en fonction de conditions prédéfinies. Cela peut être utile pour exécuter des stratégies de trading complexes et pour réduire l'impact des émotions sur les décisions de trading.

6.5 Sécuriser vos Transactions

Enfin, il est crucial de prendre des mesures pour sécuriser vos transactions sur les plateformes d'échange. Assurez-vous d'utiliser des mots de passe forts, d'activer l'authentification à deux facteurs (2FA) et de suivre les meilleures pratiques de sécurité recommandées par la plateforme d'échange.

En suivant ces conseils et en restant informé des dernières tendances et développements sur les marchés de cryptomonnaies, vous serez mieux équipé pour acheter, vendre et échanger des cryptomonnaies de manière efficace et sécurisée.

Chapitre 7 : Utilisations Pratiques des Cryptomonnaies

Dans ce chapitre, nous explorerons les différentes utilisations pratiques des cryptomonnaies au-delà de simples investissements. Nous examinerons comment les cryptomonnaies sont utilisées dans divers domaines, tels que les paiements, la finance décentralisée (DeFi), les jeux vidéo, les NFTs (jetons non fongibles) et bien plus encore.

7.1 Paiements avec Cryptomonnaies

Les cryptomonnaies offrent une alternative aux systèmes de paiement traditionnels, permettant des transactions rapides, peu coûteuses et sécurisées à l'échelle mondiale. De nombreuses entreprises acceptent désormais les cryptomonnaies comme moyen de paiement pour des biens et des services, offrant aux consommateurs une plus grande flexibilité dans leurs options de paiement.

7.2 Finance Décentralisée (DeFi)

La finance décentralisée, ou DeFi, est un écosystème financier construit sur des blockchains publiques qui vise à éliminer les intermédiaires traditionnels tels que les banques et les courtiers. Grâce à des protocoles DeFi tels que les prêts, les emprunts, les pools de liquidités et les jetons synthétiques, les utilisateurs peuvent accéder à une gamme de services financiers sans avoir besoin de faire confiance à des tiers.

7.3 Jeux Vidéo

Les cryptomonnaies sont de plus en plus utilisées dans l'industrie du jeu vidéo pour permettre aux joueurs d'acheter, de vendre et d'échanger des actifs numériques tels que des skins, des objets et des personnages de jeu. Les jeux basés sur la blockchain permettent également aux joueurs de posséder véritablement leurs actifs de jeu et de les utiliser dans différents jeux et plateformes.

7.4 NFTs (Jetons Non Fongibles)

Les jetons non fongibles, ou NFTs, sont des actifs numériques uniques qui représentent la propriété d'œuvres d'art numériques, de vidéos, de musique, de jeux et bien plus encore. Les NFTs sont enregistrés sur la blockchain, ce qui garantit leur authenticité et leur traçabilité. Ils sont devenus particulièrement populaires dans le domaine de l'art numérique, où ils offrent aux artistes une nouvelle façon de monétiser leur travail.

7.5 Récompenses et Programmes de Fidélité

Certaines entreprises utilisent des cryptomonnaies pour récompenser leurs clients fidèles ou pour mettre en place des programmes de fidélité basés sur la blockchain. Les clients peuvent gagner des cryptomonnaies en effectuant des achats, en partageant du contenu sur les réseaux sociaux ou en participant à des enquêtes, ce qui peut favoriser l'engagement et la fidélité à la marque.

7.6 Remises et Transferts Internationaux

Les cryptomonnaies offrent une solution efficace pour les transferts d'argent transfrontaliers, en permettant des transactions rapides, peu coûteuses et sécurisées sans les frais et les délais associés aux services de transfert d'argent traditionnels. Les cryptomonnaies peuvent également être utilisées pour éviter les restrictions de change et les contrôles des capitaux dans certains pays.

7.7 Protection contre l'Inflation

Dans les économies sujettes à une forte inflation, les cryptomonnaies peuvent servir de refuge contre la dépréciation monétaire en offrant une alternative décentralisée et non soumise à la politique monétaire des gouvernements. Les cryptomonnaies telles que le Bitcoin sont souvent considérées comme une réserve de valeur à long terme dans de telles circonstances.

7.8 Conclusion

Les utilisations pratiques des cryptomonnaies sont diverses et en constante évolution, ouvrant la voie à de nouvelles opportunités et applications dans de nombreux domaines. Que ce soit pour les paiements quotidiens, la finance décentralisée, les jeux vidéo, les NFTs ou d'autres cas d'utilisation innovants, les cryptomonnaies offrent un potentiel révolutionnaire pour façonner l'avenir de l'économie numérique.

Chapitre 8 : Implications Réglementaires et Fiscales des Cryptomonnaies

Dans ce chapitre, nous explorerons les implications réglementaires et fiscales associées à la possession et à l'utilisation de cryptomonnaies. Nous discuterons des réglementations en vigueur dans différentes juridictions, des obligations fiscales des détenteurs de cryptomonnaies et des meilleures pratiques pour rester en conformité avec la loi.

8.1 Réglementations sur les Cryptomonnaies

Les cryptomonnaies sont soumises à des réglementations différentes selon les pays et les juridictions. Certains pays ont adopté des lois spécifiques sur les cryptomonnaies, tandis que d'autres les traitent comme des actifs traditionnels soumis aux réglementations existantes sur les valeurs mobilières, les impôts ou le blanchiment d'argent.

Il est important de comprendre les réglementations en vigueur dans votre pays de résidence concernant les cryptomonnaies, notamment en ce qui concerne l'achat, la vente, l'échange, la possession et la déclaration de revenus.

8.2 Obligations Fiscales

La possession et l'utilisation de cryptomonnaies peuvent avoir des implications fiscales importantes. Dans de nombreuses juridictions, les cryptomonnaies sont considérées comme un actif taxable, et les détenteurs sont tenus de déclarer leurs gains et leurs pertes en cryptomonnaies lors de la déclaration de leurs impôts.

Les obligations fiscales associées aux cryptomonnaies peuvent varier en fonction de plusieurs facteurs, notamment la durée de détention des actifs, la fréquence des transactions, la manière dont les gains sont réalisés (trading, investissement, etc.), et les lois fiscales spécifiques de chaque pays.

8.3 Conformité et Reporting

Il est important de maintenir une documentation précise de toutes vos transactions de cryptomonnaies, y compris les achats, les ventes, les échanges et les transferts. Cette documentation peut être utile pour calculer vos gains et vos pertes en cryptomonnaies à des fins fiscales et pour prouver votre conformité en cas d'audit fiscal.

De nombreux pays exigent désormais que les plateformes d'échange de cryptomonnaies fournissent des rapports fiscaux aux autorités fiscales, ce qui renforce la nécessité pour les détenteurs de cryptomonnaies de tenir des registres précis de leurs transactions.

8.4 Conseils Fiscaux et Juridiques

Étant donné la complexité des réglementations fiscales et juridiques entourant les cryptomonnaies, il peut être judicieux de consulter un professionnel fiscal ou juridique pour obtenir des conseils spécifiques à votre situation. Un expert pourra vous aider à comprendre vos obligations fiscales, à maximiser vos avantages fiscaux et à éviter les problèmes de conformité.

8.5 Évolution des Réglementations

Les réglementations sur les cryptomonnaies sont en constante évolution, et il est important de rester informé des derniers développements dans votre pays de résidence. Les gouvernements du monde entier travaillent à élaborer des lois et des réglementations pour encadrer le marché des cryptomonnaies, afin de protéger les investisseurs, de lutter contre la criminalité financière et de favoriser l'innovation.

En conclusion, il est essentiel de comprendre les implications réglementaires et fiscales associées à la possession et à l'utilisation de cryptomonnaies pour éviter les problèmes juridiques et financiers. En restant informé, en maintenant des registres précis et en consultant des professionnels, vous pouvez maximiser les avantages des cryptomonnaies tout en restant en conformité avec la loi.

Chapitre 9 : Sécurité et Gestion des Risques en Cryptomonnaie

Dans ce chapitre, nous aborderons l'importance de la sécurité et de la gestion des risques lorsqu'il s'agit de cryptomonnaies. Nous discuterons des principales menaces auxquelles les investisseurs sont confrontés, ainsi que des stratégies et des outils pour protéger efficacement leurs investissements.

9.1 Principales Menaces en Cryptomonnaie

Piratages de Plateformes : Les plateformes d'échange de cryptomonnaies sont souvent la cible de piratages informatiques, entraînant le vol de fonds des utilisateurs.

Phishing et Arnaques : Les utilisateurs peuvent être victimes de tentatives de phishing et d'arnaques en ligne, où des escrocs tentent de voler leurs informations personnelles ou leurs clés privées.

Malwares et Logiciels Malveillants : Les malwares et les logiciels malveillants peuvent compromettre la sécurité des portefeuilles de cryptomonnaies et permettre aux pirates de voler des fonds.

Vol de Clés Privées : Si les clés privées sont compromises, les fonds associés peuvent être volés sans possibilité de récupération.

9.2 Stratégies de Sécurité et de Gestion des Risques

Utilisation de Portefeuilles Sécurisés : Stockez vos cryptomonnaies dans des portefeuilles sécurisés, tels que des portefeuilles matériels ou des portefeuilles logiciels réputés.

Mots de Passe Forts et Authentification à Deux Facteurs (2FA) : Utilisez des mots de passe forts pour vos comptes et activez l'authentification à deux facteurs pour une sécurité renforcée.

Éducation et Sensibilisation : Apprenez à reconnaître les signes de phishing et les escroqueries en ligne, et soyez prudent lorsque vous partagez vos informations personnelles en ligne.

Mises à Jour Régulières : Assurez-vous de maintenir vos logiciels et vos appareils à jour avec les dernières mises à jour de sécurité pour réduire les risques de vulnérabilité.

Diversification des Investissements : Diversifiez vos investissements en cryptomonnaies pour réduire votre exposition à un seul actif ou une seule plateforme.

9.3 Assurance et Protection

Assurance contre le Vol et les Pertes : Certains fournisseurs d'assurance proposent des polices spécifiques pour couvrir les pertes liées au vol de cryptomonnaies ou aux piratages de plateformes.

Services de Sécurité et de Surveillance : Des services spécialisés offrent une surveillance continue des comptes et des transactions pour détecter toute activité suspecte et prévenir les fraudes.

9.4 Plan de Continuité d'Activité

Sauvegardes Régulières : Effectuez régulièrement des sauvegardes de vos clés privées et de vos portefeuilles pour minimiser les risques de perte de fonds en cas de panne ou de défaillance du matériel.

Plan de Récupération d'Urgence : Élaborez un plan de récupération d'urgence en cas de vol, de perte ou de compromission de vos clés privées, afin de pouvoir réagir rapidement et efficacement en cas de situation critique.

En suivant ces meilleures pratiques de sécurité et de gestion des risques, vous pouvez protéger efficacement vos investissements en cryptomonnaies et réduire les risques de pertes financières. N'hésitez pas à consulter des professionnels de la sécurité informatique ou des conseillers financiers pour obtenir des conseils supplémentaires adaptés à votre situation spécifique.

Chapitre 10 : Conclusion et Conseils Finaux

Félicitations d'avoir parcouru ce livre sur les cryptomonnaies pour débutants ! Dans ce dernier chapitre, nous résumerons les points clés abordés et fournirons quelques conseils finaux pour poursuivre votre voyage dans le monde des cryptomonnaies.

10.1 Récapitulatif des Points Clés

Nous avons exploré ce qu'est la cryptomonnaie, comment elle fonctionne et pourquoi elle est importante dans le monde financier moderne.

Nous avons examiné les différentes méthodes d'investissement dans les cryptomonnaies, y compris l'achat direct, le trading et l'exploitation minière.

Nous avons passé en revue les principaux facteurs à considérer lors du choix des cryptomonnaies dans lesquelles investir, tels que la technologie sous-jacente, l'équipe de développement et l'adoption.

Nous avons discuté des différents types de portefeuilles de cryptomonnaies et des meilleures pratiques pour assurer leur sécurité.

Nous avons exploré les utilisations pratiques des cryptomonnaies, notamment les paiements, la finance décentralisée, les jeux vidéo et les NFTs.

Nous avons abordé les implications réglementaires et fiscales des cryptomonnaies et les meilleures pratiques pour rester en conformité avec la loi.

Enfin, nous avons examiné l'importance de la sécurité et de la gestion des risques en cryptomonnaie, ainsi que les stratégies pour protéger efficacement vos investissements.

10.2 Conseils Finaux

Continuez à Apprendre : Le monde des cryptomonnaies évolue rapidement, alors continuez à vous informer et à apprendre sur les dernières tendances et développements.

Diversifiez vos Investissements : Diversifiez vos investissements en cryptomonnaies pour réduire les risques et maximiser les opportunités de rendement.

Soyez Prudent : Restez vigilant face aux risques de piratage, de phishing et d'arnaques en ligne, et prenez des mesures pour protéger vos fonds.

Consultez des Experts : Si nécessaire, consultez des professionnels de la sécurité informatique, des conseillers financiers ou des experts en cryptomonnaies pour obtenir des conseils adaptés à votre situation spécifique.

Investissez avec Prudence : N'investissez que ce que vous pouvez vous permettre de perdre et ne succombez pas à la spéculation excessive.

10.3 Poursuivez votre Aventure dans les Cryptomonnaies

Les cryptomonnaies offrent un potentiel révolutionnaire pour transformer la finance et les industries numériques. Que vous soyez un investisseur, un utilisateur ou un passionné de technologie, il existe de nombreuses façons de participer à cette aventure passionnante.

Que vous choisissiez d'explorer de nouvelles technologies, de diversifier votre portefeuille d'investissements ou simplement d'en apprendre davantage sur les cryptomonnaies, nous espérons que ce livre vous a fourni les connaissances et les outils nécessaires pour démarrer votre voyage avec confiance.

Merci de nous avoir accompagnés dans ce voyage !

Nous vous souhaitons le meilleur dans vos futurs efforts en matière de cryptomonnaies et espérons que vous trouverez du succès et de la satisfaction dans cette passionnante nouvelle frontière numérique.

Merci encore pour votre lecture et votre engagement. Nous espérons que ce livre vous a été utile dans votre exploration des cryptomonnaies, et nous vous souhaitons tout le succès dans vos futurs investissements et expériences dans ce domaine dynamique. N'hésitez pas à partager vos commentaires ou à poser des questions supplémentaires. Bonne chance et bon voyage dans le monde des cryptomonnaies !

LEXIQUE

Cryptomonnaie : Une monnaie numérique sécurisée par des techniques de cryptographie et fonctionnant sur une technologie de registre distribué appelée blockchain.

Blockchain : Un registre public et décentralisé qui enregistre toutes les transactions de cryptomonnaies de manière sécurisée et transparente.

Bitcoin (BTC) : La première et la plus connue des cryptomonnaies, créée par une personne ou un groupe de personnes sous le pseudonyme de Satoshi Nakamoto en 2009.

Altcoin : Un terme générique utilisé pour désigner toutes les cryptomonnaies autres que le Bitcoin.

Wallet (Portefeuille) : Un logiciel ou un dispositif physique permettant de stocker, d'envoyer et de recevoir des cryptomonnaies.

Clé Privée : Une chaîne de caractères secrète qui permet à un utilisateur d'accéder et de contrôler ses fonds de cryptomonnaies.

Clé Publique : Une chaîne de caractères utilisée pour recevoir des fonds de cryptomonnaies, générée à partir de la clé privée.

Plateforme d'Échange : Un service en ligne qui permet aux utilisateurs d'acheter, de vendre et d'échanger des cryptomonnaies.

Mining (Minage) : Le processus de validation et d'enregistrement des transactions sur la blockchain en échange d'une récompense en cryptomonnaies.

Fork : Une modification du code source d'une blockchain, créant ainsi une nouvelle version de la blockchain originale.

Token : Une unité numérique représentant la propriété ou le droit d'accès à un actif ou à un service, souvent émis sur une blockchain.

DeFi (Finance Décentralisée) : Un écosystème financier construit sur la blockchain qui vise à éliminer les intermédiaires traditionnels tels que les banques et les courtiers.

NFT (Jetons Non Fongibles) : Des jetons uniques qui représentent la propriété d'actifs numériques tels que des œuvres d'art, des vidéos ou des jeux.

Phishing : Une tentative d'escroquerie en ligne où des personnes malveillantes tentent de voler des informations personnelles en se faisant passer pour des entités légitimes.

Malware : Un logiciel malveillant conçu pour endommager ou compromettre les systèmes informatiques.

Authentification à Deux Facteurs (2FA) : Un système de sécurité qui exige deux formes d'identification pour accéder à un compte, généralement un mot de passe et un code généré par un appareil ou une application.

FOMO (Fear of Missing Out) : La peur de rater une opportunité, souvent utilisée pour décrire le sentiment d'urgence ou de panique qui pousse les investisseurs à agir impulsivement.

HODL : Un terme utilisé pour désigner la stratégie consistant à conserver ses cryptomonnaies à long terme plutôt que de les vendre.

Whale : Un investisseur possédant une grande quantité de cryptomonnaies, capable d'influencer le marché par ses actions.

Smart Contract (Contrat Intelligent) : Un contrat auto-exécutable programmé sur une blockchain qui exécute automatiquement des actions lorsque les conditions prédéfinies sont remplies.

www.ingramcontent.com/pod-product-compliance
Lightning Source LLC
Chambersburg PA
CBHW062238220526
45471CB00009B/3534